EN DAN WAS DAAR DIE LEWE

ABRAM P BLAAUW

ISBN: 9798666351628

Voorwoord

‘N VROU SÊ OP TV dat sy haar indrukke van die lewe te boek gestel het en skielik wil almal die boek koop om te deel in haar belewing en weergawe van die lewe.

Nonsies, sê my kop vir my. Dit is nie uniek nie. Enigeen met 'n skerp waarneming van die wonderlike lewe wat ons gegun word, kan dit doen. Dit is nou om te kan neerskryf wat ervaar is of word en om dit so akkuraat te doen dat die deler dit kan meemaak, meeleef, meevoel en geniet.

Te veel mooi gaan verlore omdat te veel mense vasval in die beklemtoning van die minder mooie, die traumatiese of die verskriklike wat angs meegebring het. Dit is egter deel van die realiteit en dit sou dom wees om hierdie minder mooie in ons lewens te ignoreer.

Die kuns lê dalk daarin om die minder mooie te omskep in ‘n gewig wat tuishoort op die ander weegkant van die skaal teenoor die mooie. Dan leef ons in balans en verstaan ons beide weegpunte beter.

Hierdie bundel eenvoudige sketse het dalk juis dit ten doel – om balans in die belewing van dinge in ons lewe te reflekteer...

Opgedra

Opgedra aan my gesin – my vrou Annette en ons drie seuns Deon, Abri en Jaco. Sonder hulle sou ek 'n leë lewe gehad het.

KOPIEREG

Inhoud

DINKWERK

DIE BELEWING VAN DIE werklikheid word nie maklik op dieselfde intensiteitsvlak oorgedra na 'n volgende persoon wanneer jy wil vertel of beskryf wat gebeur het nie. Dit bly bloot 'n woordelikse beskrywing van die ervaring en ly dikwels gebrek aan trefkrag.

Tog bestaan die behoefte by talle mense om iets van die ruik, proe of voel van die lewe vas te pen in gesproke of geskrewe vorm om dit sodoende te deel en te bewaar om later deur andere gelees, oorvertel, herken en geniet te word.

Die behoefte om te deel met andere dit wat soms naby aan en tergelykertyd ook ver van die self verwyder blyk te wees, is onlosmaakbaar deel van menswees. Gedagtes wat in elkeen se kop ronddwaal, skep 'n eie begeerte om uit te kom en gedeel te word met andere.

'n Vrou spog op TV dat sy haar indrukke van die lewe te boek gestel het en dat almal skilelik die boek wil koop om te deel in haar belewing en weergawe van die lewe.

Nonsies, sê my kop vir my. Dit is nie uniek nie. Enigeen met 'n skerp waarneming van die wonderlike lewe wat ons gegun word, kan dit doen. Dit is nou om te kan neerskryf wat ervaar is of word en om dit so akkuraat te doen dat die deler dit kan meemaak, meeleef, meevoel en geniet.

Te veel mooi gaan verlore omdat te veel mense vasgevang raak in die onthou van net die minder mooi gebeure uit die verlede. Ons weet die mens is so toegerus om die traumatiese vergeet en die mooie onthou, maar verdomp of dit in sy leefwyse sigbaar gemaak word. Dis asof daar doelbewus net aan die slegte uit die verlede gedink word.

Dan word daar gepraat van "...the good old days when the times were bad..."

Meer behoort te gaan oor die vasvang en oordra van die positiewe, die geborge mooi in die vakkies van ons geheues. Daarom dat hierdie poging aangewend word om van die indrukke waarmee ons elke dag saamleef en te dikwels te laat verbygaan, op skrif te vergestalt.

Almal dink, maar die vermoede bestaan dat nie almal die werklikheid met 'n ewe skerp beeld beleef nie. Almal kyk nie met dieselfde bril na die wêreld om ons nie, word gesê.

Om te dink is om te belewe. Daarom is om te dink dink ook om te lewe. Diere kort hierdie deel van "om te wees". Hulle lewe, maar hulle dink nie.

Dink is in essensie wat van ons maak wat ons is. Ons is wat ons dink. Bôkker jy jou dink op, is jy self opgebôkker soos te veel van ons. Dink oor verlede, hede en toekoms behoort die aangenaamste tydverdryf in elke mens se bestaan te wees – maar dan moet jy dit nie opbôkker deur op die negatiewe te teer nie.

Al drie hierdie tipe dinke word beïnvloed deur gebeure wat reeds plaasgevind het, wat besig is om te gebeur en wat nog moontlik kan gebeur. Jou dink bepaal jou aksies, moraal, uitkyk, gesindheid en lotte ander dinge en mag voortvloei uit dit wat totaal onbekend aan ons mag wees, maar tog magtige implikasies vir ons inhou.

Dink ons terug, is dit meesal met nostalgie. Dink ons aan nou, laat ons toe dat ons denke beïnvloed word deur die uitstaande, die groot sake. Dink ons vorentoe, droom ons en word alles mooi ingekleur met 'n wasige randjie.

Die terugdink verloor te dikwels tred met wat werklik gebeur het. Die dink aan nou gaan dikwels gebrek aan die rol wat kleinere maar dikwels belangriker momente in die hier en nou speel.

Die dink vorentoe verloor ook soms waarde omdat ons te ver wegbeweeg van hoe die werklikheid wérklik in die toekoms daar kan uitsien.

Ons is geneig om die verlede te romantiseer terwyl ons die toekoms rooskleurig skilder om te ontsnap van die werklike hier en nou wat oorheers word deur uitstaande momente en wat op hulle beurt nie altyd of noodwendig positief is nie.

Hoe stewiger/helderder ons ervaring van die hede is, hoe beter is die kanse dat ons verlede skerper onthou sal word en 'n ryker leefwêreld vir ons oudag sal nalaat. Sien ons net die negatiewe in die hede raak, romantiseer ons met meer gemak oor die verlede in kompensasie vir die "swaar" van die hede.

Dieselfde effek geld ook vir ons denke oor die toekoms. Ons bou ons "eendag" te maklik op vals fondasies bestaande uit versinsels uit die hede. Daarom die betoog dat ons die hede volledig moet beleef binne ons eie historiese verwysingsraamwerk en as bousteen vir die toekoms.

Dink ons dus, behoort ons reg te dink ter wille van onsself en andere rondom ons.

Dit is die geheim van 'n gebalansseerde gesindheid.

Maar wie definieer hierdie "reg" in reg dink?

Waaraan dink jy?

DIE AANPASSINGSVERMOË VAN GEEN mens behoort onderskat te word nie.

Ons hoor middel Julie 1993 dat ons Johannesburg toe moet trek.

Nou - komende vanuit 'n baie on-Johannesburgse omgewing synde die yl bevolkte, wye vlaktes van die Namibiese platteland, was dit 'n reusesprong die onbekende in. Onbekendheid is niemand se speelmaat nie.

Ons het die Songagaand op 1 Augustus (vergete amper was die normale Sondag-blues) op 'n hopie in ons nuwe huurhuis gesit en voorraadopname maak oor die lang trek van Windhoek af tot in Randburg, oor dit wat nog voorlê en ons was bang.

Deon het die gevoel dae later na hul eerste skooldag in die nuwe skool beskryf as "hartseer". Ons kinders het toe nog nie die emosie van "vreemd-wees" geken nie. Die naaste waaraan hulle kon dink om die gevoel mee te beskryf, was die "hartseer". Nog nooit tevore was hulle in so 'n totale vreemde of nuwe situasie geplaas nie.

In Windhoek was dit speel-speel vanuit die "klein skooltjie" se speelgroepe deur na pre-primêr en daarna 'n traumalose oorgang saam as groep na Graad een in die

"Groot Skool". Niks het dramaties verander nie. Dit was nog dieselfde geboue, dieselfde ure, dieselfde maatjies en net met 'n nuwe juffrou.

In Johannesburg was hulle skielik uitgelewer aan 'n hoop onbekende dinge. Nuwe stad, nuwe huis, nuwe skool, nuwe of vreemde kinders, nuwe onderwysers, alles was anders. Dit was vir my 'n teer oomblik toe Deon sê hy het "snaaks" gevoel en later 'n nader beskrywing van "hartseer" aan sy gevoel gekoppel het. Abri was baie stil. Hy het makliker die vreemde sy eie gemaak, miskien omdat hy nog kleiner was en nog nie so diep soos Deon ingeburger was in Suiderhof Laerskool in Windhoek nie.

Die hele trauma het Jaco gespaar gebly. Hy was tevrede. Sy speelgoed (stukkend en heel) was alles hier, sy teddie, eie bedjie, kussing, kombersie - alles. Sy en Mamma se daaglikse roetine het ook nie veel verander nie en sy verstaan van die omgewing het min of meer op dieselfde vlak gebly.

Die eerste paar weke was dol.

Nie een van ons het werklik geweet of ons kom of gaan nie. Deon het gekla dat hy weer moes leer wat hy alreeds weet, Abri moes lees inhaal en Jaco het na die honde verlang wat kwarantyn moes staan op die lughawe terwyl Annette telefoonloos totaal geïsoleerd gevoel het en haar vriendin, Hannelie, ligjare ver in Windhoek was.

Die vreemdheid het aan alles gekleef: Die huis, die straat, die bure, die Portugese kafeetjie, die inkopiesentrum - alles. Ons het selfs nie in die kerk tuis gevoel nie. Vreemde mense, vreemde predikante met besondere lang asems en vreemde bedieningsgewoontes soos trompetbegeleiding vanaf die kansel en preke rakende die koms van die nuwe Suid-Afrika.

Ons het uit gevoel, veral met ons dramatiese kennismaking met ware Afrikaner-snobisme. Al waaroor mense kon praat gedurende kuiertjies en elders, was net oor hul laaste besoeke aan Mauritius, die Seychelles of Verre Ooste. Wat jou nering is, is blykbaar net so belangrik soos jou vrou se kwalifikasies en die kar waarmee jy ry. Ken jy vir Johan Rupert, is jy 'n gemaakte wese en of hy jou ken, maak nie saak nie. Dit was goor, regtig goor.

Dinge wat vir ons saak gemaak het of steeds saakmaak, het geen indruk op enigiemand gemaak nie. Nie dat ons iemand wou beïndruk nie - ons wou net toegelaat wees om onsself te wees. Die mense het nie belangestel om te weet hoe dit voel om met 'n oop Jeep of agterop 'n plaasbakkie in die veld in die Kalahari te ry nie. Hulle ken nie die reuk van suurgrassaad of die smaak van 'n veldkomkommertjie nie.

Hulle weet nie hoe ruik dankbare grond na 'n goeie bui reën of hoe reën op 'n sinkdak sonder 'n plafon klink nie. Hulle ken nie 'n ooi se blêr of 'n trop lammertjies wat

rondom 'n klomp lammerooie hardloop en speel nie.
Hulle weet nie hoe ruik 'n perd se sweet nie. Hulle ken nie
die vreugde van swem in 'n plaasdam nie.

Hulle weet nie van skroeiende hitte deur die dag en dan
die lawende koelte van 'n vroegsomeraand nie. Die kuier,
die gesels, die buite slaap. Dit alles en nog meer is vir
hulle volksvreemd en van minder waarde. Jy kan nie met
hulle daaroor gesels nie - hulle ken dit nie en stel nie
daarin belang nie.

Net so ken ons ook nie die lekker van Mauritius nie en stel
ons ook nie daarin belang nie. Dit veroorsaak 'n opwelling
van frustrasie te midde van wat veronderstel is om 'n
heerlike kuier- of geselsgeleentheid te wees. Mense is
dikwels veilig gekussing in dit wat hulle dink hulle weet en
wil nie sommer aanvaar dat daar baie meer in hierdie wye
wêreld gebeur en te belewe is as bloot dit waaraan hulle
gewoond is nie.

So kruip hulle weg agter 'n fasade van "ek weet, ek was
daar" en raak in die proses vasgevang in 'n spiraal van
grootpraat en bylas totdat jy as nuweling ("inkommer" is
eintlik die regte woord) verstom staan oor hoe mense vir
mekaar kan lieg en mekaar terselfdertyd kan glo. Die
ergste is egter wanneer hierdie mense verwag jy moet
hulle ook glo. Dit word die norm en vir iemand met 'n
ander perspektief op die realiteit, dikwels moeilik om te
sluk.

Dit is dan wanneer jy te midde van 'n klomp mense begin verlang na jou eie - jou eie omgewing, jou eie mense (al is hulle dan nou ook "eenvoudig" of minder belese of minder berese) jou eie goed soos jou bakkie, jou visstok, jou kinders se rooiwarm gesiggies onder hul hoede al stappend agter 'n troppie skaap.

 Jy verlang na vroeë leefmomente wat jy vir jouself en vir die naby aan jou geskep het en wat julle saam geniet het. Jy kom onder die besef dat daar niks besig is om te gebeur in terme van die skep van nuwe leefmomente nie en dat 'n verstarring besig is om jou en jou gesin beet te pak.

En die frustrasie hoop op.

So het ons hulle beleef. Elke keer wanneer ons met hierdie wêreld se mense verkeer, het ons opnuut vir mekaar gesê dat ons dankbaar is vir die geleentheid om ons perspektief op hierdie wyse te verbreed en te toets. In dieselfde asem het ons aan mekaar bevestig dat dit nie ons idee was oor hoe ons die res van ons lewe wou deurbring nie.

Ek het my dikwels bekommer oor die lewenswaardes wat my kinders besig was om te ontwikkel onder juis hierdie invloede wat oorspoel vanaf ouerhuis na skool en waar kinders hul waardes met mekaar deel. Ons weet hoe belangrik dit vir 'n kind is om deel te wees van sy groep.

Ons het besef dat hulle nie noodwendig oor die vermoë beskik het om oor die invloed van hul eweknieë te besluit nie – hulle was nog te jonk daarvoor. Hulle kon ook nie onvoorwaardelik glo en aanhang wat Pappa en Mamma sê of doen nie. Hulle kon nie goedsmoeds wegbreek van die norm wat vir hulle groep geld en ons norme aanvaar wat gebaseer was op 'n leeftyd se ervaring nie.

Hulle moes die kans gegun word om hul eie waardesisteme te ontwikkel en die vreugde het vir ons daarin gelê om tenminste 'n alternatief daar te kon stel waarna hulle kon kyk in die maak van 'n uiteindelike keuse. Al was dit net om onsself te wees met konstante optrede teenoor mekaar en die nakom van ons eie reëls, versterk deur die skep van aanvaarbare, genotvolle en konstruktiewe leefmomente wat vir die kinders 'n beter alternatief kon bied teenoor dit waarmee hulle by die skool gekonfronteer word.

Daarom dat Johannesburg 'n besliste invloed op ons hele gesin uitgeoefen het. Dit was 'n vernuwende ervaring wat vir ons almal 'n klomp groei ingehou het. Jy kry mos die beste waardering vir jou eiewaardes wanneer dit getoets word en dit die toets deurstaan. Dan waardeer jy dit wat jy is of het en is jy dankbaar vir die fondasie wat lank gelede gegooi is en waarop jy gebou het.

Die rol van al die vormgewers vanaf jou kinderjare staan helder afgeëts en jy kom opnuut onder die geweldige indruk van jou rol as vormgewer wanneer die kinders onskuldig op die mat met hul lego's sit en speel. Jy kry 'n nederigheid, 'n soort hartseer in jou teenoor die groot verantwoordelikheid wat jou gegun word.

En jy dink.

Jy dink oor 'n klomp goed. En jy wonder hoe gaan jy anderkant uitkom. Dan probeer jy maar die dinge verwerk deur dit neer te skryf, te herkou en probeer verstaan.

Jy deel met mekaar en jy geniet die vermoë om ook 'n onvermoë baas te raak of tenminste die stryd aan te sê. En jy weet net jou beste is goed genoeg. Die res is goeie gawes deur Een wat die antwoorde het.

En jy leer om te vertrou.

En dit raak makliker.

En jy oorleef...

KRUISPAD

ELKEEN VAN ONS KOM een of ander tyd by hom. Ons lewenspaaie lei ons onverbiddelik af op hierdie verskynsel en dwing ons om keuses te maak - die ding se naam is Kruispad. Ek dink aan hom en gee hom 'n identiteit. Ek roep hom nog steeds "Kruispad", maar ek ryg sommer 'n klomp kraletjies in sy snoer en praat hom direk aan:

Kruispad

Gruispad

Hardepad

Jou dwinger

Van onskuldiges

In verkeerde rigtings

Kruispad

Ons twee se liefde en haat

Is te naby mekaar

En eindig vandag net hier.

'n Kruispad lê 'n verpligting op jou om 'n besluit te maak. Ons lewens is immers 'n nimmer-eindigende reeks besluite. Elke sekonde van elke minuut van elke uur van elke dag van elke week van elke maand van elke jaar moet ons besluite neem.

Baie besluite is onbewustelik. Baie is weer van so 'n aard dat jy weet jy moet 'n besluit neem en jy dink daaroor. Dan is daar besluite waar jy gedwing word om te besluit.

Jy wil nie, maar jy moet.

Voeg hierby die toutrekkery tussen hart en verstand in die neem van besluite en jy sit met 'n ingewikkelde verskynsel wat jy elke dag in die oë moet kyk.

Wanneer daar beweer sou word dat jou huidige posisie die somtotaal is van besluite wat jy in die verlede geneem het, moet jy aanvaar dat jy nie kan verander aan dit wat reeds verby is om die posisie waarin jy vandag verkeer, te beinvloed nie. Wat egter goed is, is dat jy kan "verander" aan waar jy in die toekoms gaan wees deur die besluite wat jy vandag neem.

Ons is die resultaat van ons besluite en ons het 'n aandeel in ons toekoms deur die besluite wat ons vandag neem. Ons kan nie die toekoms voorspel nie, maar ons kan ons toekoms help skep deur die besluite wat ons vandag neem.

Kruispaaie sonder plekname en rigtingaanduidings is van geen waarde vir ons behalwe dat dit ons besluitloos maak nie. Daarom help dit om 'n padkaart byderhand te hou….kom jy by die kruispad, kan jy maklik besluit watter een vd opsies om te kies, mits jy weet waarheen jy oppad is.

Daarom – om vir Kruispad hok te slaan, kry vir jou 'n padkaart. En maak seker dat jy weet watter rigting jy moet inslaan om by jou bestemming uit te kom. As jy nie weet waarheen jy oppad is nie, sal dit geen rol speel as jy enige koers inslaan by 'n Kruispad nie. Jy sal nie weet dat jy nie daar uitgekom het nie....omdat jy nie geweet het waar "daar" was nie....

Hoeveel Kruispaaie het jou al geboelie op jou lewenspad?

Is daar 'n Padkaart in die reistas van jou lewe?

DIE WIT EN ROOI Mini het onder die skadu van 'n koelteboom gestaan toe ons die middag daar aankom met die missie om die lewensmoeë karretjie weer aan die gang te kry.

Die emosies van die rolspelers wat rondom die karretjie bymekaargekom het, was soos 'n warrelwind en wat verskillende stukke papier, plastieksakke, stof, sand, stokkies en blare opgesuig en deurmekaar gemaal en dan weer elders uitgespuug het. Daar was opgewondenheid, verwagting, verligting, trots en vasberadenheid te bespeur waar die Mini, half onskuldig aan hierdie skielike gewoel, met neergeslane oë sy lot staan en afwag het.

Die jong eienaar was versigtig om sy gevoelens te wys. Sy lyftaal het egter die storie vertel. Die manier waarop hy geskarrel het om te help om die Mini uit te stoot en op die sleepwa te laai, het gewys dat hy bly was dat daar - na maande se gewag – uiteindelik na 'n kant toe gestaan word met die karretjie se regmaak.

Die haastige manier waarop hy sy beperkte tegniese kennis met sy "kamerade - in - oefening" gedeel het, het vertel van sy begeerte om die karretjie weer aan die loop te kry. Sy trots kon hy ook nie wegsteek nie. Die klanksisteem het daarvan gespreek. Netjies ingebou in die kattebak van die Mini. Elke draadjie en elke komponent op sy plek.

Die twee vriende se rol was ook duidelik. Dit was een van ondersteuning, onderskraging en solidariteit met die poging om die Mini se meganiese kant uit te sorteer en om daarna die kosmetiese sy daarvan aan te pak - deur 'n algehele oorspuit met die verfkleur van hulle vriend se keuse. Daar is besluit op swart - blinkswart, nie dofswart nie.

Daar moes renstrepe oor die enjinkap, die dak en agter af oor die stomp stertkant, wees. Dit sou diplomasie van 'n fynere aard kos om vir jong eienaar te oortuig dat geel – met 'n lekker breë swart renstreep oor – beter gaan pas as die andersom plan. Daarvoor is Ma en vriende ingespan, met statistieke en al, naamlik dat geel karre in swak lig makliker waarneembaar is as enige ander kleur.

Die wagtyd met die Mini by die spuitverwer, was sieldodend. Die uitsien na klaarmaak kon behoorlik geproe word met elke gesprek oor die Mini. Die verandering was dramaties toe die Mini vir die eerste keer kon spog met sy (haar?) geel gewaad. Sitplekke gedrapeer in geel en swart, nuwe (swart) matte, nuwe lugdraad vir die radio – 'n kortetjie, natuurlik - en selfs 'n nuwe "hemel" soos die stoffeerder die dakbekleedsel beskryf het.

Alles in een pakket saamgevat in geheimhouding teenoor die jong eienaar, met Ma en vriende saam in die komplot want hy moes nie die eindresultaat sien alvorens alles nie gereed was nie.

Dan was die klaarmaak aan, dan was dit af. Dan was die groot oorhandigheidsgeleentheid aan – met sjampanje en al – dan was dit af.

So het die Mini almal laat wipplank ry tot een middag wat dinge skielik in plek val.

Die laaste paar afrondingvrywe word gevryf en die Mini vat op eie stoom die pad huistoe – geen sleepwa meer nie, alles werk en daar is selfs 'n padwaardigheidsertifikaat op die linker voorkussing toe die Mini by die hoofhek inswaai.

Ma het intussen gesorg dat jong eienaar op 'n "dwaalmissie" gestuur is met een of ander vae versoek om iets by iemand te gaan haal.

Met die Mini weggesteek onder 'n geleende motorbedekking, kon niemand meer wag dat die oomblik moes aanbreek vir die onthulling nie – amper soos met die bekendstelling van 'n nuwe Formule Een renmotor soos deur Ferrari – net 'n bietjie erger. Uiteindelik het die groot oomblik aangebreek.

Met die aftrek van die doek, was die kaleidoskoop emosies onder die aanwesiges feitlik tasbaar. Dit het gewissel van verbasing na vreugde, ongeloof, trots en dankbaarheid, tot selfs hartseer. So mooi en so verrykend en so eerlik opreg dat jy kwalik kon glo dat 'n eenvoudige voorwerp, soos 'n geel Mini, so 'n kragtige uitwerking op soveel verkillende mense kon hê.

Die bymekaarkom van 'n paar eenvoudige planne, 'n paar besliste aksies, eenvoudige, oop kommunikasie en die deel van 'n gesamentlike behoefte, is deur die geel Mini op daardie Dinsdag namiddag vergestalt..

Dit was lekker.

En iewers in die Hemel baie hoog bokant die wit wolke het 'n Pa met 'n skewe glimlaggie sy seën en goedkeuring aan die oefening toegesê...

SPORT IS IN SY oudste vorm deel van die mens se leefwyse.

Daar is sekerlik van die vroegste tye af speel-speel meegeding rondom die vure van die grotbewoners, in hoofsaak om die jongeres se vaardighede te slyp ter voorbereiding vir hulle latere oorlewingsrolle. Hulle het gehardloop, gestoei en mekaar bekruip terwyl die ma's en pa's tevrede gegrom het oor die kinders se vordering. Daar is dalk gekyk wie 'n klip die verste kon gooi, wie die verste kon spring en wie die vinnigste kon hardloop.

Later het iemand agtergekom dat 'n mens nie alles hoef te dra nie, maar dat jy sekere dinge kon sleep of rol. Nog later het iemand gesien dat jy 'n swaar ding kon beweeg as jy dit op 'n klompie ronde klippe kon kry en dit dan te skuif. Na 'n verdere paar duisend jaar het iemand 'n gat deur 'n ronde klip gemaak en so is die wiel gebore.

Die kinders het toe begin om 'n wiel te rol as hulle resies hardloop - elkeen met sy klipwiel teen afdraandes af, net om te swoeg om die wiel weer terug op die bult te kry.

Die pa's en die ma's het weer tevrede gegrom oor die kinders se manewales.

 Toe gaan daar weer 'n paar duisend jaar verby en was die wiel nie net meer 'n toevalligheid nie, maar word 'n noodsaaklikheid in elke huishouding met die ontwikkeling van verskeie vorme van vervoermidddels. Die tegnologie vorder fluks en daar word selfs wiele uit hout gemaak wat ligter as die klipmodelle was.

Daarop volg ysterwiele omdat die houtwiele nie so lank wou hou nie en nog later word hout en yster gekombineer om die beste van twee wêrelde bymekaar te kry - hout binne en yster buite om. Nog 'n klomp jare verloop en iemand vind rubber uit. Net daar word weer na die wieltegnologie gekyk, die slag met yster binne en rubber buite om.

Gedurende hierdie hele proses het die wiel deel van die mens se sportaktiwiteite gebly. Wiele is nie net meer gerol nie, maar is onder karre aangebring waarmee daar gery, oorlog gemaak en resies gejaag kon word. Soos in die dae van Ben Hur en die manne, het die wiel 'n besondere rol gespeel in die bepaling van wie die beste, sterkste of vinnigste was.

Die wiel het natuurlik met elke nuwe aanwending 'n verandering ondergaan - hoofsaaklik tot voordeel van die gebruiker daarvan. So het die jare aangestap en het verskillende vorme van vervoer met eiesoortige wiele die lig gesien. Die basiese konsep was nog dieselfde, maar die gedaante het gewissel.

Verlede week het hierdie verskynsel weer 'n nuwe indruk gelaat ten tye van 'n fietsrytoernooi te Oudtshoorn in die

Suid Kaap. Met bykans vierhonderd fietsryers van regoor Suid Afrika en Namibië, was dit 'n gesig om byna agthonderd wiele van die hoogste tegnologiese aard, in aksie te sien.

Die gemiddelde gewig van 'n fietswiel wat in kompetisies op hierdie vlak gebruik word, is nie 'n volle kilogram nie, die velling en buiteband ingesluit. Die stukkie rubber wat met die padoppervlak kontak maak, is kleiner as vyf vierkante sentimeter. Neem dit in aanmerking teen 'n topspoed van tot sewentig kilometer per uur en dit raak fassinerend.

Sonder die fenominale ontwikkeling van die wiel sou dit nie vir hierdie atlete moontlik gewees het om hul sport in die huidige vorm en teen die huidige prestasievlakke te beoefen nie. Fietsry is sekerlik een van die mooiste sportsoorte wat tans op hierdie planeet beoefen word - mooi in die sin van gesond, ontwikkelend vir jong ryers en ook weens die vele fasette daarvan.

Dit verg veel meer as bloot 'n dik tjekboek om 'n suksesvolle fietsryer te wees aangesien die beste tegnologie nie noodwendig van 'n gemiddelde ryer 'n kampioen maak nie. Dit neem 'n handvol karakter, deursettingsvermoë, motivering en dissipline - gemeng met 'n stewige dosis natuurlike talent en harde werk - om sukses in hierdie sportsoort te definieer.

Daarom was dit 'n voorreg om ons jong ryers in aksie te kon sien in groter geselskap. Dit was ook lekker om te kon beleef hoedat hulle teleurstelling en sukses binne een reeks moes verwerk. Dit was lekker om te sien hoedat hulle in bitter koue met sneeu op die Swartberge hul beste gegee het - die vasberade gesigte en die spanning in hulle oë. Die emosie, die opwinding en die verligting na 'n wedren - alles as deel van 'n sport wat met 'n passie beoefen word.

Die fietswiele het gesing. Die jong Ben Hurs het met oorgawe meegeding. Die sweet het in koue straaltjies langs seningtaai lyfies afgeloop en die spiere is tot die uiterste beproef.

En die ma's en pa's het tevrede gegrom...

DIE GROOT BOEK VERTEL vir ons in die idioom van die Bybelse tyd dat seuns soos pyle in die pylkoker van hulle Pa is en dat die man wat sy koker met hierdie pyle gevul het, nie beskaamd sal staan as hy in die poorte met die vyand spreek nie.

Ons gesin het drie van hierdie pyle in die koker. Hierdie drie pyle is aan ons toegeken uit miljoene ander wat nie die eerste resies kon wen nie. Elkeen van hierdie drie was dus reeds - soos alle ander pyle wat sukses met die eerste resies behaal het - 'n wenner in eie reg. Dit was nog lank voordat hulle van die groot resies geweet het wat eendag op hulle sou wag – reg van die oomblik van geboorte af.

So staan ons gisteroggend om kwart voor vier by die hek en wag vir vriende net voor ons oudste se eerste vertrek Stellenbosch toe. En ons praat oor die pyle.

Ons sê vir hom dat ons nou ons oudste pyl in die duisternis daar buite inskiet. En ons sê vir hom dat hierdie pyl nou deur die Sterker Hand gedra en gerig sal word vir solank as wat hy oppad is na die teiken of kol daar voor iewers en wat net vir hierdie pyl bestem is.

Daar kan 'n klomp dinge oppad na die bestemde teiken met hierdie pyl gebeur. Sterk winde kan dit van koers af waai. Dit kan kort val as die momentum afneem. Daar kan allerhande hindernisse op die pad kom soos bome, hoë geboue of berge – die feit bly dat as die Here nie hierdie pyl rig nie, die kanse uiters skraal is dat hy by sy bestemde teiken sal uitkom.

Baie van ons erken nie die waarde van hierdie pyle in ons kokers nie. Ons aanvaar hierdie skat as 'n gegewe - so asof vanselfsprekend - omdat ons te maklik te gewoond raak aan die idee van pyle in ons kokers.

Eers die dag as hulle 'n eie koers inslaan en nie nie meer in die gewone plek by die huis is nie, dan eers takseer ons hulle waarde op 'n ander manier. Dan eers kyk ons met ander oë na ons pyle en kan ons nie glo hoe vinnig tyd kan verbygaan nie.

Ons sien die stadia waardeur hierdie pyl ontwikkel het in een stroom verbyflits – baba dae, pleuter dae, kleuter dae, tiener dae, vroeë adolosensie, laat adolosensie en dan die vroeë volwasse stadium. Elkeen van hierdie fases dra 'n warboel eiesoortighede, saamgevoeg in die vorm van huis, skool , kerk, sport, vriende, familie en veelvuldige gebeurlikhede.

Elkeen van hierdie fases bring sy eie ingewikkeldhede mee, het sy eie vreugdes en verdriete, laat sommiges blom en andere verwelk. Ons beleef nie altyd hierdie fases saam met ons pyle nie – hulle swoeg maar op eie stoom voort deur emosionele stormwaters, fisiese veranderings en sielkundige doolhowe.

Dit terwyl die meeste van ons as ouer geslag gemaklik daartoe in staat is om dinge vir hulle te vergemaklik deur ons eie ervaringe en (oorlewings-)vaardighede met hulle te deel. Om die een of ander rede is ons dikwels huiwerig om dit te doen en laat ons hulle te maklik oor aan eie navigasie op hul lewensroetes.

Ons meisiekinders is 'n ander soort juweel in ons besit – ook aan ons gegun deur die Goeie Gewer. Hulle is weer op 'n ander manier kosbaar en op hulle eiesoortige manier ingewikkeld. Hul emosies werk anders, hulle groei verskillend en hulle beleef hulle fisiese en psigiese leefwêreld verskillend van hulle manlike eweknieë.

Ek kan nie met gesag oor hulle praat nie.

Want ek is nie een van hulle gegun nie…

Die geel Piesang se Baas

EK KYK NA DIE geel Piesang se Baas.

Hy sit voor my lessenaar met sy lang vingers om die twee stapeltjies dokumente gevou waarin aansoek gedoen moet word vir 'n studiepermit en tydelike verblyf in Suid Afrika - so asof die sleutel vir die volgende fase van sy lewe daarin opgesluit lê.

Sy oë vertel my van die uitsien na hierdie oorgang van kindwees na grootmensword. Sy oë vertel my van die onsekerheid oor dit alles en ook van sy poging om hierdie nuwigheid te bestuur soos wat sy Pa dalk sal wil hê hy dit moet bestuur. Ek kyk na sy gesig en my kind lyk vir my vreemd. Ek sien 'n man en ek sien 'n seun.

Ek sien hoe die twee met mekaar in konflik is in 'n poging om vorentoe te beur en terselfdertyd om te wil bly soos dit is. Ek raak benoud met die skielike raaksien van soveel dimensies en ek besef – tyd is 'n relatiewe begrip.

Ek kyk terug oor 29 jaar en ek sien dinge wat my al hoe meer oortuig dat tyd 'n struikrower is wat ons voorlê en kosbare dinge van ons afneem. Tyd raak die donker faktor wat voorgee dat hy almal se vriend is, maar jou terselfdertyd ondergrawe. Ek sien meteens 'n geel Ford Escort wat oppad is Stellenbosch toe met die aardse besittings van 'n jong, onervare seun op die agtersitplek en in die bagasieruim.

Ek kyk weer in die truspieëltjie en ek sien dieselfde onsekerheid en gelyktydige waagmoed. Ek sien weer die yl baardstoppeltjies en die jong hande op die stuurwiel. Ek hoor weer die ou bekende liedjies wat vars klink oor die kassetspeler met die knip-oog groen liggie en ek weet: gister is in werklikheid net 'n armlengte ver voor my lessenaar op die hoë stoel in 'n korporatiewe kantoor.

Ek kyk na my kind en ek sien dieselfde dinge raak. Sy geel Toyota met die opslaandeure en met sy eiesoortige karakter. Ek sien my kind se aardse besittings op die agtersitplek en in die (kleiner) bagasieruim. Ek sien in sy truspieël sy oë met 'n boodskap daarin en ek sien sy jong hande op die stuurwiel. Ek sien sy yl baardstoppeltjies en ek hoor die tipiese musiek oor sy klanksisteem wat saam met hom gegroei het tot iets onbekends vir my.

Deernis en trots is met mekaar in wedywering in my gemoed. Ek wil dit aan hom uitskreeu dat hy moet oppas, maar ek weet nie waarvoor nie. Ek wil hom waarsku, maar ek weet nie hoekom nie. Ek wil hom beskerm, sonder om te weet waarteen. Ek is bang en daarom dink ek hy is ook.

Ek weet ek is verkeerd.

Miskien is ek bang vir die lang pad Stellenbosch toe en terug met die geel Piesang - verdwerg deur groot vragdraers en bedreig deur kleiner mini missiele wat teen hoë spoed van voor en van agter by die Piesang, met sy kosbare vrag, verbysnel. Miskien is ek bang vir 'n oordeelsfout aan enige kant, miskien is ek nou eers bewus van dieselfde gevare van 29 jaar gelede.

Verder is ek dalk bang vir die spoed waarteen my Piesangman die lewe binnesnel sonder dat hy die wettige spoedgrens met die Piesang oorskry. Ek is bang dat hy nog nie ervare genoeg is om nou al die eise van die lewe alleen in die oë te kyk nie. Ek is bang dat hy dalk onnodige skade kan opdoen omdat daar nog soveel is wat hy nie weet nie.

Hy is die Piesang op die hoofweg van die Lewe.

Dan is daar die teendeel, waar die boodskap in die anderkant van hierdie gedagtebeeld dalk totaal verskillend kan wees. Dit is te maklik om die werklike boodskap met jou eie persepsies te verwring – jy glo mos jy weet, terwyl jy weet jy weet nie eintlik nie.

Sy oë sê my dalk dat ek liewer saam opgewonde moet wees. Sy boodskap is een van 'n behoefte aan steun en raad en deel en verstaan en laat gaan en vertrou en staatmaak en self laat ontdek.

Hy is nie ek nie. Sy Toyota is nie 'n Ford Escort nie. Sy musiek is nie Neil Diamond nie. Dit is nie sy eerste kennismaking met Stellenbosch nie. Hy gaan nie 'n massiewe onbekendheid binne nie.

Hy kon vooraf in veiligheid sy verkenning gaan doen – saam met sy ouers tydens vakansies en op sy eie gedurende die ingenieursfakulteit se oriënteringsweek. Hy ry nie alleen die toekoms binne nie, hy neem 'n stewige, bekende hulpbronnetwerk met hom saam.

Sy sensors is nog helder en sy waarnemings skerp. Alles werk nog teen optimale effektiwiteit, want dit is soos die Groot Gewer dit wil hê. Hy sal hom nie die wêreld laat betree sonder om spesiale voorsorg te tref of sonder om hom spesiaal toe te rus nie.

Die res is oor na die Piesangman toe.

En die Piesangman se Pa kan maar rustig slaap. Die vennootskap is vasgemaak aan 'n sterker Een………

2002-11-11

Vriend Deon Eysele se reaksie:

Die tyd is genadeloos. Mens dink nog jy wil Pa wees, dan is dit reeds verby.

Soos ons die ander dag gesels het, voel mens half nutteloos omdat hulle nie meer so gereeld raad vra nie en alles op so 'n berekende wyse assimileer en verwerk. Dit is self of hul emosies beter beheer word, of hulle dalk nie meer sulke sterk sentimentele waarde heg aan kleinigheidjies soos ons nie.

Jou Piesangman is nou 'n man. Hy het 18+ jaar in sy Pa se skadu gestaan en gesien hoe lyk 'n man en hoe tree 'n man op. Dit is nou vir hom tyd om dit wat hy in dié tyd geleer het, in sy eie menswees toe te pas.Hy gaan 'n stadium binne wat vir hom baie opwinding, maar ook teleurstellings gaan bring. Meestal teleurstellings in sy medemens, maar soms in homself ook.

Jy weet mos hoe maklik mens as gevolg van 'n gebrek aan ervaring 'n oordeelsfout kan maak. Dit is dan wanneer jou Piesangman weer by sy Pa gaan aanklop. Hy ken sy Pa, hy ken sy Pa se lewenservaring en hy sal nog baie daaruit put. In Piesangman se plek skuif Aapman nou in. Dis sy beurt om nader aan jou te staan, voorbeelde oor menswees by jou op te tel en om eendag ook in sy lewe toe te pas.

Dit is nog 'n vennootskap wat sterker gemaak moet word.

Vernuwing

ONS PRAAT ONLANGS VAN "afgaan universiteit toe" en hoe hierdie oefening vandag herinneringe losmaak van 29 jaar gelede toe dieselfde pad geloop is. Ons deel die gedagtes, die vrese, die opwinding en die enersheid daarvan tussen 'n jong seun en sy Pa.

Ons is half verstom oor dinge wat so min en tog so baie verander het oor tyd heen. Ons dink dat dit meer die fisiese omgewing is wat anders is, as wat die geval met die psigiese was.

En ons weet ons is verkeerd.

Stellenbosch is vandag nie veel anders as 29 jaar gelede nie. Daar is wel 'n paar nuwe woonbuurtes en nuwe geboue in die dorp en op die kampus, maar basies is die dorp nog op dieselfde plek, is die mense nog dieselfde, die kultuur is nog die van 'n universiteitsdorp en daar word nog politiek gemaak van dinge soos die voertaal, en so aan.

Iemand het eenkeer gesê hoe meer dinge verander, hoe meer bly dit dieselfde. Gelukkig is ons so dat ons glo dat veranderinge regtig verandering bring en dat elke dag nuut is en dat elke ervaring nuut is en dat ons besig is met dinge wat nog nooit tevore bestaan het, of gedoen is nie.

Daarom ervaar ons 'n opwinding om die uitdagings wat hierdie nuwe dinge ons bied, die stryd aan te sê. Ons maak energie bymekaar en ons roei elke dag dat dit klap om te verseker dat ons nie agterbly of die stryd verloor nie.

In die proses verloor ons egter ook heelwat uit die oog – wat op sigself ook nie 'n nuwe verskynsel is nie. Ons verloor uit die oog dat andere voor ons dieselfde dinge kon ervaar het teen wisselende grade van intensiteit. Nie omdat dit wat gebeur het anders was nie, maar omdat die mense wat hierdie ervaring beleef het van ons verskil het soos ons persoonlikhede van mekaar verskil. Dan dink ons nog dinge is nuut bloot omdat ons dit wat met ons gebeur op 'n ander manier ervaar as wat die geval met andere voor ons was.

Dit is egter goed soos dit is. Dit is goed dat vandag se jongmense die gevoel moet hê dat hulle alles nou vir die eerste keer beleef – dat niemand nog ooit tevore die dinge gedoen of beleef het soos wat hulle dit nou doen of beleef nie. Niemand het ooit vantevore Graad 12 op die wyse voltooi waarop hulle dit nou voltooi het nie.

Niemand het nog ooit vantevore so liefgekry of so seer gekry of was so bly soos wat die geval nou met hulle is nie. Hulle ervaar hierdie bruisende gevoel van onoorwinlikheid en glo die wêreld is aan hulle voete. Hulle voel sterk genoeg om berge te versit.

Vandag se grootmense is presies dieselfde.

Niemand het nog ooit vantevore so oor hulle kinders gevoel soos hulle nou oor hulle kinders voel nie. Niemand het nog sukses gesmaak soos wat hulle nou smaak nie. Hulle is slimmer, sterker en meer gereed om die lewe die stryd aan te sê as enigiemand tevore.

Die huise is groter en duurder, die geriewe is daar as teken van vooruitgang, die motors is luukser en die oortrokke bankrekening waarborg 'n leefwyse van gemak en swier. Dit skep status. Dan is hulle boonop meer vaardig as dit by die alledaagse dinge kom soos vleisbraai, visvang, potjiekos kook en motor bestuur.

Die "volwassene" van vandag baai hom of haarself in die waan dat hulle die uitdagings van die lewe wat hulle self geskep het met groot sukses hanteer. Hulle praat met gesag oor sake waarvan hulle nie veel weet nie, bloot omdat 'n gewaande sosiale posisie 'n paspoort verskaf na 'n vry sê. Almal luister maar en stem saam met die gasheer net om seker te maak van 'n volgende uitnodiging en om in die tel te bly.

So – wat is nuut? Wat is anders?

Hoe onnosel om te wil dink dat ons anders is as die wat hierdie aarde voor ons bewandel het. Die geslagte voor ons het ook kinders gehad oor wie hulle om verskeie redes bekommerd was.

Die kinders het ook onder gevaarlike en moelike omstandighede op dieselfde paaie gery met minder betroubare voertuie om by die huis te kom na 'n strawwe sessie elders aan 'n hoër opvoedkundige instelling.

Daar was nog altyd vele jongmense oppad, met bekommerde ouers wat dikwels tevergeefs op 'n kind se tuiskoms moes wag.

Ons gee almal aan ons kinders die beste wat ons het...daarom behoort ons hulle toe te laat om met hierdie "beste" as basis die lewe die stryd aan te sê en nuwe vaardighede by te werk wat hulle weer in staat sal stel om 'n nuwe "beste" aan hulle kinders tydens die volgende kringloop te gee.

Vernuwing kan net gebeur as die punt van die kringloop toegelaat word om uit te skiet om 'n nuwe kring te begin.

Die lewenskringloop floreer op vernuwingskringe en vergaan daarsonder.

19 Julie 2002

13h25

Liewe Jacques,

Ek het jou Pa 32 jaar lank geken. Ek moes vanoggend by sy begrafnis sien aan hoeveel ander mense behalwe aan julle as gesin, hy ook nog behoort het omdat hy sy pad op so 'n manier geloop het dat hy 'n verskil in mense se lewens gemaak het.

Ek was 15 jaar oud in 1970 toe ek hom op Mariental as onderwyser leer ken het – hy het vir ons Engels gegee in standerd 7 en 8. Maar dit was nie al wat hy gedoen het nie. Daar is duisende kinders met duisende onderwysers oor die hele wêreld heen, wie klas loop en wie klas gee. Niks snaaks daaraan nie. Maar ek is vandag 47 jaar oud en ek weet: met ons was dit anders.

 Ons aanloop tot die Hoërskool - ons agtergrond soos ons van die plase af gekom het uit die Gochas, Aranos, Kalkrand, Maltahöhe en Mariental omgewings het ons anders gemaak as wat kinders was wat uit stedelike areas gekom het. Ons blootstelling aan die wyer wêreld was baie beperk, omdat daar nie moderne kommunikasiemiddele soos televisie en dies meer, bestaan het nie. Ons het net die plaas en sy onmiddellike omgewing geken.

Daarom het iemand soos jou Pa, 'n baie groter rol in ons lewens gespeel as wat andersins die geval sou wees. Hy en andere soos hy het vir ons 'n nuwe wêreld oopgemaak. Vir ons was hy 'n skitterende voorbeeld van hoe 'n mens kon ontwikkel van 'n eenvoudige plaasseun, tot 'n netjiese onderwyser wat gesag kon afdwing, wat deur almal gerespekteer is en wat met groot sukses en totale onafhanklikheid van die daaglikse schlep (waaraan ons almal onderworpe was) sy ding kon doen. Hy was vir ons 'n voorbeeld op so baie terreine van die lewe deur sy drag, gedrag, houding, styl, ens., dat dit te veel is om op te noem.

Sy voorbeeld was van direkte en indirekte aard. Niemand is foutloos of volmaak nie, maar vir ons – as kinders in daardie tydvak van ons lewens – het jou Pa se foute nie saakgemaak nie omdat dit nie vir ons belangrik was om te weet watter foute hy dan nou sou gehad het nie. Daarom kon ons vreesloos sy voorbeeld navolg en oneindig put uit dit wat hy ons kon bied op die terrein van fisiese en psigiese ontwikkeling.

Hy het ons in alle sportsoorte afgerig. Hy het ons geleer tennis, hokkie, rugby en krieket speel. Hy was 'n fantastiese atletiekafrigter. Ek het persoonlik – as 'n doodgemiddelde atleet – met sy hulp en as gevolg van die vertroue wat hy in my gehad het op skoolvlak hoogtes in atletiek bereik wat nooit andersins sou gebeur het nie.

Hy het ons gehelp om ons potensiaal te ontdek en om in onsself te glo en dit het ons op die pad van latere sukses in die grootmenswêreld geplaas. Hier praat ons van dinge soos leierskap, akademiese insig, sosiale vaardighede, godsdiens, menseverhoudinge, groepsdinamika, ens., ens.

Ons het dit nie destyds besef of geweet nie, maar soos ons ouer geword het en die lewe ons begin rondklap het, kon ons teruggryp na die waardes en die grondbeginsels wat jou Pa en sy kollegas soos Oom Herman Steyn, Oom Apie du Plooy en andere aan ons oorgedra het. Daarvoor sal ek en andere soos ek hulle vir altyd dankbaar bly.

Daarom was vandag vir my 'n eiesoortige ervaring om van hom afskeid te neem. Dit was nie 'n blote oefening waar 'n oudleerling van 'n oud-onderwyser afskeid kom neem het nie. Daar is by my die gevoel van 'n veel groter verlies as wat die wêreld daar buite ooit sou kon verstaan.

Daarom weet ek dat julle drie wat agter bly, elkeen op sy of haar eie manier 'n baie groot verlies ervaar.

Dinge kom mos partykeer eers later by 'n mens uit, wanneer die besef nou eers regtig deurdring dat jou Pa weg is en dat jy nooit weer met hom sal kan praat of by hom sal kan leer nie. Daardie tyd sal kom dat jy persoonlik baie alleen sal word en dat jy jou Pa sal mis.

Daar sal tye kom dat jy graag iets met hom sou wou deel en wanneer jy sal besef dat jou Ma – of wie ook al – nie daardie gaping sal kan vul nie. Daarvoor voel ek jammer vir almal van julle in wie se lewens jou Pa hierdie belangrike rol gespeel het. Almal het iets hier verloor.

Nou moet 'n ou vorentoe kyk en die nuwe rol wat op jou skouers geval het as man in die huis met dieselfde onderskeiding aanpak as wat jou Pa sou gedoen het toe hy nog gesond en heel was. Dit gaan 'n klomp energie en verantwoordelikheid verg, maar ek glo dat jy dit sal kan bestuur omdat jy uit goeie hout gesny is.

Ek moes hierdie paar notas vanmiddag neerskryf om van die hartseer binne myself ontslae te raak. Ek moes vir iemand sê (wat sou verstaan) dat ek ook vanmiddag iemand gegroet het wat 'n belangrike rol in my vormingsjare gespeel het. Ek wou op dié manier sê dat ek saamvoel met diegene wat naby aan hom was.

Ek wou vir jou as jong seun sê dat ek as jong seun die voorreg gehad het om jou Pa te leer ken soos ek graag sou wou hê alle seuns op daardie ouderdom 'n rolmodel moes hê van sy statuur.

Ek wil dan ook graag my, Tannie Annette, Deon, Abri, en Jaco se huis en harte vir jou oopmaak om met ons te kom deel as jy die behoefte het. Ek wil vir jou sê dat ek graag vir jou iets sou wou teruggee wat jou Pa vir my en soveel ander kinders gegee het toe ons op jou ouderdom was.

Ek wil daar wees as jy my sou nodig kry – al moet ek dadelik sê dat ek weet ek kan nie jou Pa se plek volstaan nie. As jy iets wil bespreek oor die toekoms, jou studies, jou loopbaan, jou karretjie, jou sport – enigiets, moet jy weet dat ek bereid sal wees om na jou te luister en vir jou raad te gee.

Ek het ook seuns – een van jou ouderdom - en ek verstaan hulle. Hulle het die voorreg om 'n pa te hê, al is hierdie pa vol foute. Hierdie pa het tenminste insig in die lewe wat gegrond is op stewige waardes wat van jou Pa af ook kom. Daar is dus van jou Pa in hierdie pa ook - vas gewortel van kindertyd af.

Baie sterkte vir jou op die pad vorentoe. Bly in die skadu van die Groot Vader, en jy sal vir niks in die lewe bang hoef te wees nie. Geestelike krag is veel sterker as wat enige fisiese krag ooit kan wees. Oefen dus jou geestelike spiere.

Laastens – 'n mens is net so sterk soos jou hulpbronnetwerk – die Hemelse Hulpbron en die aardse een. Maak ons gerus deel van jou aardse hulpbronnetwerk, die Hemelse Een het jy reeds.

Groete,

Oom Abie.

ANGS OOR 'N BOEKSAK

DAAR KOM MOS DIKWELS tye dat 'n verskriklike beklemming in 'n mens se bors lê.

Ek onthou so goed toe my Pa een Maandagoggend vroeg voor skool met my boeketas agterop die bakkie weggery het Stampriet se kant toe en die vreeslike beklemming wat my hart vasgegryp en my gewurg het totdat my bors gefluit het. Ek onthou hoe ek in die hardloop hardop gebid het dat hy tog by tannie Siets-hulle moes aanry en dat ek hom daar sal kan bel en dat hy tog my boeke sal terugbring dieselfde oggend nog.

Ek het met daardie vreeslike beklemming na Meneer Ras (skoolhoof) se huis toe gehardloop en in my nood kon ek net aan een ding dink: My boeke agterop daai bakkie. Toe tannie Sally Ras die kombuisdeur oopmaak en ek die wonderlike warmte van huislikheid - al was dit 'n vreemde huis - ruik, was die beklemming erger want 'n yslike groot knop het saam met die wurggreep van angs in my keel kom sit.

Die trane was baie baie vlak toe ek my nood uitspel.

Die stuk hardloop van die koshuis af deur die pannetjie verby die skool links en die netbal- en tennisbane regs tot by ou mnr. Ras se huis het my uitasem en ver verwyderd van myself laat voel. Ek was uit my normale na-naweekse roetine waar ons al Sondagaande by die koshuis afgelaai is en ons op ons tyd en binne normale roetine die week op Maandagoggende kon aanpak.

Om nou op 'n Maandagoggend eers in te kom van die plaas af waar jy uit jou eie bed vreemd uitgeruk voel en terugbons in die altyd vreemde skoolkoshuisatmosfeer was op sigself geen aangename ervaring nie. Om dan nog jou boeke agterop die bakkie te vergeet, was vir my as St. 2'tjie 'n verskriklike nagmerrie.

Daarom die uitermatige vrees en beklemming. Daarom die fisiese angs en die hardloop met 'n toetrekborsie terwyl 'n kinderbrein naarstigtelik werk aan 'n oplossing vir die probleem. Daarom die ongelooflike katarsis toe tannie Sally Ras met tannie Siets praat en die belowe dat sy my Pa sal laat voorkeer as hy daar verbykom. Al swakplek in die plan was net dat tannie Siets sou kon aanvaar het dat hy sou aanry en dat hy dan nie sou aanry nie en dat niemand hom stop nie en dat sou hy waar eers agterkom van my boeke en dan sou hy al die pad moes terugry.

Dis bitter moeilik om hierdie angs aan enigiemand te beskryf wat nie in soortgelyke omstandighede was of nie die toneelskikking heeltemal kan visualiseer nie. Veral nie die psigiese toneelskikking nie. Werklike benoudheid is mos 'n unieke verskynsel.

'n Benoudheid oor iets wat nog kom, wat nog kan gebeur of 'n moontlikheid is, kan mos nie rêrig vergelyk word met 'n benoudheid wat ontstaan oor iets wat aan't gebeure is of wat pas gebeur het en wat allerhande onaangename gevolge vorentoe kan meebring nie.

Die feit dat ek vandag, presies 28 jaar gelede (dit was ook 'n paar dae voor my verjaardag op 16 Junie en ek was in St. 2) nog so goed kan onthou van hoe presies ek gevoel het, hoe ek planne gemaak het, hoe ek gehardloop en gebid het toe daai blou bakkie om die Kerk se hoek in 'n stofwolk straat-af wegraak, hoe ek besef het ek sal hom nooit inhaal nie - hy't my nie gesien roep en hardloop nie.

Al hierdie duidelike onthou wat nog steeds so skerp afgeëts is in my brein is bloot bewys daarvan dat die angs so akuut was dat dit in my wese bly vassteek het tot vandag toe nog. Dit mag vir die gewone mens totaal buite verhouding en opgeblaas klink - maar is ons nie maar almal die somtotaal van ons ervarings nie?

Nou wonder ek wat moet ons dan wees as ons nie in staat is om selfs ons vasgelegde ervarings op te roep nie. Al ons ervarings - negatiewes en positiewes - vorm die speserye waarmee ons ingesout en behandel word vir die latere stryd aansê van die lewe.

Te min ervaringspeserye kan ons smaakloos laat en ons terselfdertyd blootstel aan moontlike verrotting.Ons is daarsonder minder suksesvol in ons pogings om die werklikheid te hanteer sonder om in die proses self onder te gaan.

Hierdie ervarings behoort as onontbeerlik beskou te word as deel van ons vormingsjare.

Selfs al moet ons die pyn ervaar gebore uit angs oor 'n vergete boeksak agterop 'n blou Chevrolet bakkie en kaal kindervoete wat deur duwweltjies en kalkklippe hardloop met 'n brandborsie wat pyn van benoudheid...

Hande met 'n verhaal

DIE PAAR OUMENSHANDE LÊ geplooi weerskante op die wit hospitaaldeken – met are blou geëts teen 'n bleek vel wat soveel dae sonder 'n roompie moes klaarkom.

Hande wat oor baie jare elke Maandagmôre met 'n sukkelende wasmasjien moes toesien dat die wasgoed skoon en op die draad kom. Hande wat opgekookte vleis en pap kon maak soos geen ander hande nie. Die hande wat hulle lewe lank tafel gedek, skottelgoed gewas en beddens opgemaak het.

Hande wat gesorg het dat geeneen van vyf kinders ooit met stukkende klere hoef te geloop het nie. Die hande wat dorings uit kaal voetjies moes haal, wat 'n samboksalfie aan skaafplekke en skrape moes smeer en hande wat nooit 'n kind geslaan het nie.

Hierdie hande was ook eens jonk en sag. Hierdie hande het ook die bruisende energie van jonkwees deur are voel pols. Hierdie hande het gehelp gestalte gee aan drome deur elke dag getrou en hard te werk. Elke opdrag van die brein is noukeurig uitgevoer.

Daar is met hulle gepraat, beduie en gevoel aan 'n potplantjie, wat van ver af aangery is Kalaharie toe. Daar is met hulle in die rooi sand gewoel waar 'n grasperkie en paar vetplante 'n oorlewingstryd teen armoede en soutwater moes voer. Die hande het geslag, karakoelpelse gewas en gespalk, krismishoenders vir die gesin voorberei en afval geskraap by die ou groot swart seeppot.

Daar is seep gekook terwyl growwe handskoene hierdie hande moes beskerm teen seepsoda en loog. Die hande het hout aangedra en vuur gemaak. Draad gehelp span en drinkgoed aangedra, terwyl daar oral op die plaas geswoeg is met bees- en skaapwerk, of met die maak van krale, damme, krippe en ander nodige ontwikkelinge.

Dit het nooit opgehou nie – van vanmôre tot vanaand moes hierdie paar hande werk en werk en werk en versorg en vertroos en beskerm en laste help dra.

Nou lê hierdie hande op 'n wit hospitaaldeken – moeg na al die jare se inspanning. Nou versit die hande versigtig aarvoedingpypies en stryk kreukels op vreemde beddegoed plat – amper doelloos, maar so asof daar nog vir oulaas gewerk moet word.

Dit was 'n Dondermiddag, om drie-uur op 16 Junie 1955, toe hierdie vrou se hande vir die eerste maal om haar pasgebore babaseun gevou het. Die hande het daardie bondeltjie as 'n gawe verwonderd gestreel en gevat-bekyk, met liefde in elke aanraking. Die jong liggaam het die baba gesond in die wêreld gebring en met toewyding gevoed en vertroetel op 'n manier eie aan haarself.

Dit is vandag Maandag 16 Junie 2003. Langs die hospitaalbed staan 'n man en kyk na die hande wat hom agt en veertig jaar gelede as baba in hierdie wêreld ontvang en omvou het. Hy kyk na die afgetakelde liggaam, die moeë gesig en die hartseer in die oë van die vrou vir wie hy vir soveel jare as standvastige ondersteuningsmodel geken het.

En in sy hart huil hy saam oor die onvermydelike afskeid wat meedoënloos deur 'n menigte, onbeheerbare, kwaadaardige selle diep in 'n moeë liggaam voortgebring is...

Dood sonder Angel

ONS HET EFFENS MEER as 'n maand tyd gehad om daaroor te praat.

Ons het saam deur die geheimsinnigheid van hierdie volgende fase in die eindtyd van Ma se aardse bestaan gesels en gewonder oor hoe alles sou verloop. By tye was daar hartseer oor die feit dat ons nie weer mekaar sou kon sien nie en by ander tye was dit asof die naderende einde 'n opgewondenheid meegebring het.

Daar is amper uitgesien na die tyd wanneer die oorgang na die hiernamaals sou aanbreek. Alhoewel ons geweet het en ook vir mekaar gesê het dat niemand regtig weet hoe dit daar "anderkant" lyk nie, was ons eens in ons wete dat die Here geen verrassing sou bêre vir diegene wat in Sy beloftes glo nie.

Daarom het die laaste saamloop 'n heerlike reis deur die Woord geword waarby die teorie van dit waarin ons glo, deeglik teen die realiteit getoets kon word. Die tyd het aangebreek waartydens ons moes soos kinders glo in wat die Here ons, ons lewe lank geleer het – veral sover dit die siek vrou op haar sterfbed sou raak. Dit sou sinneloos wees om deur jou hele lewe te glo en te leef soos die Here wou hê jy moes doen, net om dan hier teen die einde koue voete te kom kry.

Natuurlik is dit menslik en normaal om sulke tyd bang te wees. Natuurlik wil 'n mens nie die onbekende sommer net so betree nie en voel jy dat die bekende hierdie kant van die skeidslyn beter hanteerbaar is omdat jy dit kan herken en jou ervaring kan gebruik om die uitdagings en ingewikkeldhede die hoof te bied.

Ons het vir mekaar gesê dat Christenskap nie 'n lewenslange waarborg teen siektes en dood bied nie. Dit is nie te sê dat – as jy 'n kind van die Here is – jy nie ook blootgestel is aan die normale aardse skete en bedreiginge nie. Al die smarte en ellende van hierdie wêreld word nie summier van jou weggeneem nie.

Die Here laat al hierdie dinge met jou toe – die natuur mag sy gang gaan met elkeen van ons lewens en jy mag siek word en jy mag doodgaan op enige ouderdom. Daar is nie 'n waarborg dat alle kinders van die Here sal lewe tot tenminste op 85-jarige ouderdom nie. Hulle verlaat almal hierdie lewe op verskillende ouderdomme, net soos wat die Here wil hê.

Nou verstaan ons baie keer nie hoekom die Here 'n sekere iets op 'n sekere manier of op 'n sekere tyd wil hê nie. Dan wonder ons en vra ons vrae oor hoekom en waarom en wil ons hê die beker moet by ons verbygaan. Het die Meester ook nie maar eens dieselfde wens uitgespreek nie?

Dit was Sy volkome menswees wat Hom daartoe gelei het om hierdie vraag aan die Vader te stel – daarom is dit ook nie verkeerd as ons vandag nog dieselfde vraag vra nie. Die antwoord kry ons egter onmiddellik: die Vader se weë is nie altyd vir ons glashelder nie. Ons sien deur 'n spieël en in 'n raaisel, maar eendag, sê die Groot Boek, sal ons in die verborgene sien en sal hierdie raaisel vir ons opgeklaar wees.

Verder moet ons onthou dat die beloning vir Christenwees nie volkome aan ons beskikbaar is tydens ons tydelike, aardse lewe nie. Die beloning is eers volkome die dag wanneer die Wederkoms aanbreek.

Die seuns kom met die vergelyking dat ons gedurende die "tussenfase", waarin ons verkeer na ons sterwe, tot en met die Wederkoms, soos 'n video is wat op "pause" geplaas is. Ons word dus "gepause" totdat die wederkoms plaasvind, en die Here weer die "play" knoppie druk en wanneer die gestorwenes weer opgewek sal word om met verheerlikte liggame die Hemelse Koninkryk te beërwe - tesame met die Christene wat teen daardie tyd nog lewe.

Weerkaatsings van hierdie beloning is egter te vinde in ons alledaagse aardse bestaan deurdat die Here ons op verkillende wyses bederf met Sy genade. Ons gaan nie dood met elke siekte wat ons opdoen nie. Ons liggame funksioneer perfek ten spyte van ongesonde leefwyses en talle eksterne bedreiginge.

Ons gaan slaap en staan op en is elke dag geseën met soveel positiewe dinge, dat ons oorbluf staan as ons net daaraan dink en 'n lysie begin saamstel. Die voorreg om te lewe, is al klaar groot genoeg beloning vir enige mens op aarde. Nou moet ons ook nie dink dat – as iemand doodgaan – dit noodwendig gebeur as straf vir hierdie persoon se sonde nie.

Die dood is daar as straf vir die sonde, maar dit is 'n universele verkynsel wat nie noodwendig net toegedeel word aan diegene wat gesondig het nie.

Almal is uitgelewer aan hierdie wetmatigheid. Almal gaan dood op 'n tyd wat nie altyd bekend is nie. Die verskil is egter nie in doodgaan op sigself nie, maar in dit wat daarna gebeur. Is jy aan God se kant as Sy kind, is daar vir jou 'n beloning in die vorm van 'n ewige lewe, met 'n totale afwesigheid van die smarte en ellendes wat kenmerkend van jou aardse lewe was. Die Bybel is vol van bevestiginge van hierdie heerlike belofte – Christus self het dit by herhaling bevestig.

Is jy nie aan God se kant nie, wag daar vir jou 'n lot wat veel erger sal wees as wat jy ooit op aarde sou kon beleef. Hierdie lot bestaan hoofsaaklik uit berou omdat jy nie die geleentheid aangegryp het om jou lewe vir die Here te gee toe jy tyd gehad het om dit te doen nie. Jou gewete of hierdie berou of spyt wees, sal wees soos 'n helse vuur wat jou sonder ophou sal verteer. Dit is die ewige dood waaruit jy nie sal ontsnap nie – die teenoorgestelde van dit waarna God se kinders kan uitsien.

Hiervan dra die Bybel talle bewyse en my Ma het geweet waar het die Here hierdie bewyse laat opteken. Sy het haar Bybel geken omdat sy haar Here geken het.

Dit is teen hierdie agtergrond wat ons oor 'n tydperk van vyf weke van Ma kon afskeid neem. Dit is oor hierdie dinge wat ons op 'n praktiese, werklike manier kon gesels en aan mekaar bevestig dat ons glo in wat die Here aan ons belowe het - ons hele lewe lank. Dit is hoekom dit maklik was om te aanvaar dat Ma nie gaan gesond word nie en dat sy besig was om stadig te sterf.

Elke dag was nie 'n dag nader aan 'n skrikwekkende einde nie, maar 'n dag nader aan die heerlike belofte van God dat sy nie vir ewig sou verdoem wees nie. Sy het ook besef en geglo dat sy in die "pause" fase ingaan en dat sy weer met ons almal verenig sal word by die Here met die aanbreek van die wederkoms – mits ons natuurlik ons lewens aan die Here wy en op so 'n wyse lewe dat ons dieselfde pad sou volg as wat sy saam met haar Here in die geloof geloop het.

Ek het reeds genoem dat sy by tye hartseer was om van ons afskeid te neem. Ek onthou dat sy gesê het dat sy ons nooit weer sou sien nie en dat sy nie meer die lewe saam met ons sou kon deel nie.

Dit was erg om te verwerk.

Al wat ons kon doen, was om terug te val op dit waarin ons geglo het, naamlik dat die weersiens tog bestaan en dat "nooit" 'n ander betekenis binne die konteks van ons geloof in die wederkoms en die wederopstanding van die vlees het, soos ons belydenis ons geleer het.

Daar as tye wat jy in haar oë kon sien dat sy bang was. Sy sou moedig glimlag, maar haar oë het haar gevoelens verklap. Hoe normaal ons almal ook al probeer optree het, ons kon nie van hierdie deel van die afskeid wegkom nie. Die mens in elkeen van ons was te dikwels te aktueel – te veel op die voorgrond, wat te verstane was.

Hoe graag wou sy nie weer haar normale dagtakies aanpak nie – beddens opmaak, skottelgoedjies was en vir haar mense iets te ete of te drinke, voorberei nie? Sy kon nie eers 'n lekker koffietjie drink of 'n glas water nie. Die ys waarmee sy haar lippe kon natmaak, was die naaste wat sy aan iets te drinke kon kom.

Dit was vir haar regtig moeilik.

Dit het haar konstant daaraan herinner dat sy besig was om te sterf – sy het net nie geweet wanneer die laaste uur of minuut sou aanbreek nie. Hierdie was haar menswees. Die deel van haar wat swaargekry het, was haar aardse, menslike sy, die fisiese. Die ander deel, haar psigiese sy, was egter die sterker kant.

Dit was verrykend om te sien hoe haar geestelike krag haar telkemale uitgelig het uit die toestand van ongemak waarin haar liggaam verkeer het met die toenemende disfunksie van kritiese organe. Daar was nooit werklik pyn of lyding nie – dit het sy self bevestig. Daar was ongemak en benoudheid van tyd tot tyd, maar nie pyn nie.

Ons almal het geglo dat dit was wat die Here wou hê – Hy sou die natuur sy gang laat gaan, maar Hy wou nie hê dat sy moes ly deur fisiese pyn te moes ervaar nie. My Ma het ook so geglo en sy was dankbaar daarvoor.

Sy het met haar normale stem gepraat ten spyte van 'n pyp in haar keel. Sy het met blymoedigheid haar privaatheid opgeoffer wanneer die verpleegpersoneel haar moes versorg en sy was nog besorg oor ons wat elke dag moes gaan werk terwyl ons nie ons normale huisroetine kon volg nie, omdat sy by ons aan huis versorg is vir die laaste 4 weke van haar lewe.

Sy was bly om die kinders in die middag na skool in die huis te hoor beweeg en gesels. Sy wou nie Jaco se muurversierings in sy kamer - wat ons vir haar ingerig het - laat verwyder nie en het vir ure na sy fietsryfoto's en medaljes en CD's aan die dak gelê en kyk. Dit was asof sy alles so normaal as moontlik wou laat bly en nie inbreek wou maak op die normale gang van sake nie.

Sy het geweet sy was net tydelik daar en dit was amper 'n soort verpersoonliking van die tydelike aard van haar ganse aardse lewe. Soos sy haar verblyf in Jaco se kamer sou afsluit, so sou haar lewe op hierdie aarde ook afgesluit word. Die tydelike aard van alles is hier op die keper gedryf. Alles word mettertyd "laastes".

Daar was die laaste groet van familie en vriende wat van ver af gekom het om afskeid te kom neem. Een na die ander het hulle gekom, gekuier en weer hulle lewens hervat met die terugry huistoe.

Elke keer was dit 'n laaste sien.

Sommiges het – soos die kinders – gekom, gegroet, gery en later weer gekom. Daar was die laaste nagsê elke aand – omdat nie een van ons geweet het of sy weer die volgende oggend die son oor Gordon Day 20 in Olympia sou sien opkom nie. Sy het self menige oggend gesê, dat daar vir haar nóg een sonsopkoms van Genade geskenk is.

Sy het nooit gekla nie.

Sy het nooit iemand verwyt of die Here geblameer vir die toestand waarin haar liggaam was nie. Sy was tevrede omdat daar innerlike krag was - met 'n kraglyn wat gekoppel aan die Groot Kragbron.

Hierdie geestelike krag het getriomfeer. Hierdie was 'n oorwinning van die geestelike oor die fisiese. Hierdie was 'n triomf van die ewige oor die tydelike. Tot reg aan die einde het haar gees nie ingegee nie. Haar oë kon later nie meer sien nie en haar gehoor het verswak. Die asemhaling was 4 keer per minuut en haar liggaamsfunksies het een na die ander moed opgegee.

Haar gees het egter nooit enige teken van angs, wroeging of smart getoon nie. Solank sy kon, het sy gebly soos ons haar altyd geken het – rustig, berustend, blymoedig en innerlik baie, baie sterk.

So is sy dan ook weg.

Die mooi van die hele gebeurtenis kan sekerlik nooit akkuraat beskryf word nie. Miskien is dit juis die afwesigheid van so baie dinge wat juis die aanwesigheid van ander dimensies beklemtoon het.

Daar was 'n totale afwesigheid van die normale fases waardeur 'n mens gaan wanneer die dood een van jou geliefdes kom haal – daar was nie ontkenning, woede of grootse hartseer nie. Hierdie drie fases is oorgeslaan en ons is almal feitlik saam in die aanvaardingsfase in.

Daar was natuurlik 'n periode wanneer een van ons om 'n spesifieke rede op 'n spesifieke tyd hartseer of emosioneel geraak het – dit was egter nie omdat ons my Ma die reg wou ontneem om na haar Hemelse tuiste te vertrek nie, maar omdat ons haar gemis het.

Haar plek was leeg en ons was sonder haar – dit was die rede van ons hartseer.

Die feit dat sy geglo het soos sy geglo het en geleef het soos sy geleef het, het dit vir ons almal wat agtergebly het makliker gemaak om te aanvaar dat sy moes gaan. Vertroosting lê mos juis in berusting – en dit kon ons maklik bereik. Die Here het self die berusting in ons harte bewerkstellig deur my Ma as medium te gebruik.

elfs tydens die begrafnisdiens, was dit duidelik dat my Ma se voorbeeld die sterker boodskap was. Dit was nie nodig om ten hemele te skreeu omdat my Ma gesterf het nie, nee. Dit was veel makliker om bloot te aanvaar dat my Ma op 'n tyd waarop die Here besluit het, na haar Vaderhuis moes vertrek en dat sy honderdmaal beter af is waar sy nou is, as wat sy ooit op hierdie aarde kon wees.

Ons – en meer spesifiek my kinders – het die geleentheid gekry om die dood as 'n natuurlike proses te leer ken. Daarvoor is ek baie dankbaar. Hulle kon sien hoedat hul Ouma stelselmatig die oorgang tussen hierdie wêreld en die hiernamaals hanteer en kon dit dus makliker aanvaar toe ons hulle die oggend inlig dat Ouma oorlede is. Dit is soos 'n geboorte waar 'n lewe geskenk word en iemand hierdie wêreld betree – tydens die dood word daardie selfde lewe weer uitgedoof en verlaat die persoon se gees hierdie wêreld en bly net die liggaam agter, wat ons dan versorg deur dit te begrawe.

Die seuns het dit so sien gebeur en hulle het aanvaar Ouma is nou in die "pause" fase van haar bestaan en dat sy in daardie toestand sal bly totdat die Here weer die "play" knoppie druk. Dan sal die wat nog lewe en die wat al gesterf het, met die Hemelse Vader verenig word en sal hulle vir ewig saam met die Vader bly lewe.

Op dié manier het Ma namens ons en vir ons as familie, as vriende en as Christene, die angel uit die dood gehaal.

Daarvoor sal ek haar vir ewig dankbaar bly en ek dank die Here vir die voorreg om so 'n ou Ma te kon hê…

2003-09-02

Whatever Generasie

DIT WAS TYDENS 'N normale Sondagoggenddiens wat Ds Kassie Carstens, vroeër 'n studenteleraar te Stellenbosch, hierdie boodskap rakende ons identiteitskrisis op so 'n wyse gebring het, dat dit by my blywende indruk gemaak het.

Ek glo die Heilige Gees lei elkeen van ons verskillend in die verstaan van die prediking tydens kerkdienste, daarom het ek dan ook hierdie boodskap op my manier verstaan. Ek gee dit op my manier weer, vir jou om te verstaan soos die Gees jou lei.

Ds Kassie het verwys na die duisende Afrikaanssprekende kinders wat in Engeland gaan werk. Hy het vertel van 'n onlangse besoek aan Engeland en hoe hy met van hierdie kinders kontak gemaak het. Wat hom opgeval het, was die rigtingloosheid van die meeste van hierdie kinders. Hulle het doodeenvoudig geen idee gehad oor waarheen hulle nou eintlik oppad was nie. Hulle was vasgevang in 'n siklus van visums verkry, werk kry, geld kry, vakansie hou, weer 'n verdere visum kry, weer werk kry, geld kry om weer vakansie te kan hou, ens.

Sou hy vir hulle vra wat hulle eintlik graag sou wou doen, was die antwoord deurgaans:

"Whatever".

'n Kind sou byvoorbeeld die wens uitspreek om 'n werk te kry. Vra jy watter tipe werk hy of sy om watter rede sou wou doen, is die antwoord bloot: "whatever".

Hy of sy sou sê:

"Oom, ek sal maar aansoek doen, die werk kry, en whatever", of

"Oom, ek wil net hier in Engeland wees om te werk en te whatever" of

"Oom, ek gaan maar Engeland toe om te gaan geld verdien en te whatever".

Ds Kassie noem hulle toe die "Whatever geslag".

Alles is vir hulle sommer net "whatever". 'n Paar dinge het naderhand begin vorm aanneem, hoe langer Ds Kassie hierdie verskynsel beleef het.

Die kinders was onseker oor hul toekoms. Hulle het nie geweet waarheen hulle eintlik oppad was nie. Hulle het nie oor 'n toekomsdroom of 'n visie oor "eendag" beskik nie. Hulle is op die korttermyn ingestel, wat hulle in 'n sikliese bestaan insuig van doen-kry-spandeer, doen-kry-spandeer en so aan voort.

Hierdie siklus word gevolg sonder om te weet wanneer of waar wat gaan ophou of waarheen die uiteindelike mikpunt hom of haar gaan lei, omdat die mikpunt nie gedefinieer was nie.

Voorts wou hierdie kinders hulle ook nie noodwendig assosieer met hulle Afrikaanse agtergrond nie. Hulle was nie juis trots as hulle na die Afrikaanssprekende se verlede verwys het nie.

Hulle was selfs skaam om te erken dat hulle Afrikaanssprekend was en dat hulle uit Suid Afrika kom. Hulle wou nie aanspreeklikheid aanvaar vir hulle eie verlede nie, omdat hulle nie aandadig gevoel het vir dit wat in die vorige politieke bedeling in Suid Afrika verkeerd geloop het nie.

Die resultaat was dat hierdie kinders in 'n eksistensiële vakuum beland het - identiteitsloos - omdat hulle nie geweet het of wou aanvaar waarvandaan hulle gekom het en verder ook geen duidelike toekomsverwagting gehad het nie. Hulle wou nie die Afrikaner se verlede as hulle s'n aanvaar nie en het ook nie geweet waarheen hulle in die toekoms oppad is nie.

Hulle was maar net daar, om te "whatever".

Die maklikste was vir hierdie kinders om saam met die vloei van die stroom te gaan sonder om verplig te wees om gestalte aan enigiets te gee. Hulle wou geen druk beleef om te presteer nie. Hulle wou nie 'n toekoms bedink waardeur hulle geforseer sou word om op 'n spesifieke wyse, spesifieke doelwitte na te streef nie.

Daarom die "whatever" ingesteldheid.

As jy jou egter nie met jou verlede kan versoen nie, is dit onmoontlik om te weet wie jy in hierdie teenwoordige tydsgleuf van jou bestaan – eintlik is. Hoe kan jy weet wie jy is as jy nie weet waarvandaan jy kom nie? Dan lei dit tot jou volgende dilemma, naamlik dat jy ook nie weet waarheen om te gaan nie.

Jy weet nie waarvandaan jy kom nie, of wie jy nou is nie of waarheen jy oppad is nie. Jy is met ander woorde in 'n eksistensiële vakuum of "bestaanslugleegte".

Dit raak al hoe moeiliker as jy nie 'n identiteit het nie, om een te kry. Hoe stel jy jouself nou voor? Dit is maklik om 'n "whatever" te wees, maar hoe sê jy vir mense - vir wie dit saakmaak - dat jy 'n "whatever" is?

Wat is 'n"whatever' per definisie?

Hoe droom jy as 'n "whatever"? Hoe skep jy vir jou 'n toekoms as 'n "whatever"? Of skep jy maar net nog "whatevers" om jou dilemma op te los? Dan bly jy mos in 'n alewige sirkel van nêrens vandaan, nêrens wees en oppad nêrens heen, of hoe?

Toe bied Ds Kassie vir hierdie "whatevers" 'n oplossing.

Vir hulle en vir al die identiteitsloses oor die hele wêreld heen, is daar een identiteit, een paspoort wat jou 'n trotse herkoms gee, jou toelaat om in die hede met trots te kan sê wie jy is en wat vir jou in die toekoms nog steeds met trots sal onderskei van alle ander wêreldburgers.

Hierdie paspoort se naam is "Christenskap".

Dit is 'n identiteit met 'n troste verlede, hede en toekoms. Dit is 'n burgerskap met duidelike riglyne of 'n grondwet en wat in 'n kragtige, tydlose bundel saamgevat is, wat "Die Bybel" genoem word. As jy skaam is om Afrikaner, Griek, Chinees of wat ook al te wees om watter rede ook al, is hier vir jou 'n uitkomkans.

En wat meer is – as jy hierdie burgerskap van die Christendom aanvaar, sal jy heel waarskynlik vind dat jy nie meer skaam sal wees om Afrikaner, Griek of Chinees te wees nie. Jou prioriteite sal sodanig verander dat dit nie meer vir jou 'n kwessie sal wees of jy uit die "regte stamboek" is, of nie.

Dit is 'n paspoort wat vir elkeen op hierdie aarde beskikbaar is en wat jou 'n ewige identiteit gee. Om te kan sê: "Ek is 'n Christen" gee jou toegang tot al God se beloftes rakende jou as Sy skepsel. Dit gee uitdrukking aan die feit dat Christus jou Koning is en dat jy volgens Sy riglyne jou lewe wil lei.

Dit gee jou rigting, doelwitte, drome, en toekomsverwagtinge sonder om soveel druk op jou te plaas dat dit 'n onmoontlike taak word om gestalte te gee aan dit wat jy in werklikheid moet wees volgens God se plan met jou spesifieke lewe.

'n Mens kan vir ure hierop voortbou en aan jou teikengehoor die wondere van God se plan met die mens beskryf. Die kruks is egter dat dit nie nodig is om identiteitsloos te wees nie - ook nie as jy in Engeland beland nie.

Dit is absoluut nie nodig om 'n "whatever" te wees nie.

Burgers van die Christendom, is nie "whatevers" nie.

Hulle het 'n identiteit...

'n Guns Asseblief

Dankie vir jou ondersteuning.

Ek sal dit baie waardeer as jy net 'n paar minute sal neem en 'n kort resensie (review) op Amazon sal skryf oor die boek. Jou opinie help anders om te besluit of hulle ook die boek wil lees en dis die enigste manier waarop ek as 'n nuwe skrywer reklame kan maak vir my boeke. 'n Kort paragraaf (ja een paragraaf selfs net een sin) is meer as genoeg. Dit behoort nie meer as net 'n paar minute van jou tyd te neem nie.

By voorbaat dank.

Leefmomente

Dertig sketse (gedigte) van belewenisse wat strek oor dertig jaar.

Kortverhaal Allegaartjie

Oorvertellings uit ons leefwêreld en beskrywing van eie ervarings op die swerftog deur die lewe.

So Rol Die Wiele

Mense, hulle persoonlikhede en hulle karre.

En Dan Was Daar Die Lewe

Eenvoudige sketse om balans in die belewing van dinge in ons lewe te reflekteer.

Besoek gerus my outeurs bladsy om meer omtrent die boeke te sien.

https://www.amazon.com/author/apblaauw